KONCEPCJA STRATEGII BŁĘKITNEGO OCEANU

Osiągnij sukces dzięki innowacjom i spraw, by konkurencja stała się nieistotna

50MINUTES.com

KONCEPCJA STRATEGII BŁĘKITNEGO OCEANU

Osiągnij sukces dzięki innowacjom i spraw, by konkurencja stała się nieistotna

napisany przez Pierre Pichère
przetłumaczony przez Kâmil Kowalski

50MINUTES.com

KONCEPCJA STRATEGII BŁĘKITNEGO OCEANU   4

Kluczowe informacje   4
Wstęp   5

TEORIA STOJĄCA ZA KONCEPCJĄ   8

Czerwone oceany, a niebieskie oceany   8
Przełączanie oceanów za pomocą innowacji wartości   9
Pełna ponowna ocena   10
Wykluczanie, wzmacnianie, ograniczanie i tworzenie   11

OGRANICZENIA I ROZSZERZENIA MODELU   14

Strategia błękitnego oceanu:
raczej przewodnik niż rewolucyjna metoda?   14
Innowacje, od gospodarki do biznesu:
modele powiązane   17

APLIKACJA   19

Porady i najlepsze praktyki   19
Studium przypadku: Wii, błękitny ocean Nintendo   24

PODSUMOWANIE   30

PRZECZYTAJ   32

Bibliografia   32

KONCEPCJA STRATEGII BŁĘKITNEGO OCEANU

KLUCZOWE INFORMACJE

* **Nazwa:** Strategia błękitnego oceanu.

* **Zastosowania:** Biznes, marketing i innowacje.

* **Dlaczego jest to skuteczne?** Odsuwa biznes od konkurencji, gwarantuje wydajność i może być dostosowana do każdej branży.

* **Słowa kluczowe:** Błękitny ocean, czerwony ocean, strategia, innowacja, tworzenie nowych przestrzeni strategicznych, konkurencja, biznes.

  * <u>W. Chan Kim</u> (ur. 1952) jest członkiem Światowego Forum Ekonomicznego w Davos i jest uznawany przez Harvard Business Review za jednego z najbardziej wpływowych myślicieli w dziedzinie zarządzania i biznesu. Współkieruje Instytutem Strategii Błękitnego Oceanu w INSEAD (European Institute of Business Administration) wraz z Renée Mauborgne, gdzie pełni także rolę profesora.

  * <u>Renée Mauborgne</u> (ur. w 1963 r.) jest znanym profesorem strategii i współdyrektorem Blue Ocean Strategy Institute. W 2013 roku została uznana za jednego z pięciu najlepszych profesorów programów MBA, a rok później otrzymała Carl S. Sloane Award for Excellence, przyznawaną przez Association

of Management Consultancy Firms za doskonałość w badaniach.

WSTĘP

W dzisiejszym szybko ewoluującym międzynarodowym środowisku biznesowym, kreatywność staje się kluczem do długoterminowej wydajności. Potrzeba nowych perspektyw w polityce innowacyjnej firm jest siłą napędową do powstawania przełomowych pomysłów. Strategia błękitnego oceanu doskonale to ilustruje.

Historia

Strategia ta, przedstawiona w 2005 roku przez W. Chan Kima i Renée Mauborgne w książce *Strategia błękitnego oceanu: How to Create Uncontested Market Space and Make the Competition Irrelevant* (przetłumaczonej na 43 różne języki *i* sprzedanej w 3,5 mln egzemplarzy na całym świecie), zupełnie zmienia spojrzenie na teoretyczne podstawy strategicznych innowacji biznesowych. Zachęca wszystkie podmioty gospodarcze do tego samego – za pomocą kreatywnych innowacji zwanych "disruptives" – poprzez inwestowanie w technologię, zdobywanie nowych rynków lub nawet współpracę z innymi podmiotami społeczno-gospodarczymi.

Owa strategia wywodzi się z serii badań i jest zgodna z szeregiem innych badań, zwłaszcza architekta Claytona Christensena (ur. 1952) i Michaela Raynora (ur. 1967), dyrektora zarządzającego w Deloitte Services LP. Proponuje on szereg narzędzi do stworzenia systematycznego procesu innowacji.

W 2007 roku, w kampusie Fontainebleu należącym do INSEAD, otwarto Instytut Strategii Błękitnego Oceanu, którego zadaniem jest głębsze zbadanie tej koncepcji. Dzięki swojej książce obaj autorzy otrzymali niezliczone nagrody i zdobyli międzynarodowe uznanie zarówno w sferze biznesu, jak i w świecie marketingu.

Definicja modelu

Model błękitnego oceanu redefiniuje klasyczny sposób przedstawiania strategii rozwoju. W to ponowne myślenie o strategii biznesowej wpisują się również Igor Ansoff (1918-2002), w jednej z pierwszych publikacji traktujących o strategii biznesowej, *Corporate Strategy* (1965), oraz Michael E. Porter (ur. 1947), ze swoim modelem pięciu sił konkurencji i łańcuchów wartości. Ich modele są do dziś stosowane w wielu sektorach.

Kim i Mauborgne wyróżniają dwa rodzaje rynków, na których działają podmioty gospodarcze:

- Rynki określane jako **"czerwone oceany" to rynki** nasycone. Szanse na rozwój są znikome, ponieważ zaangażowanych jest zbyt wiele podmiotów, toczących zaciętą walkę o zwiększenie udziału w rynku. Kolor czerwony odnosi się do konkurencji, ale także do dostawców, klientów i doradców ds. zakupów, którzy chcą zmaksymalizować własne marże i udziały w rynku lub inne mierniki rentowności (czasami kosztem outsourcingu, fuzji, bankructwa itp.)

- Rynki określane mianem **"błękitnych oceanów"** reprezentują nowe domeny, w których przedsiębiorstwa mogą osiągnąć samodzielny rozwój, przy bardzo małym wskaźniku (lub żadnym) konkurencji, dzięki radykalnym innowacjom. Koncepcja ta zmienia strukturę rynku, tworząc nieskończoną ilość (lub "ocean") nowego popytu. Jest to nazywane przez autorów "innowacją wartości" lub, szerzej, "użyteczną innowacją".

Wyraźnie odróżniając się od klasycznych podejść skupionych na różnicowaniu poprzez jakość, przywództwie kosztowym lub koncentracji, strategia błękitnego oceanu zachęca przedsiębiorstwa do uwolnienia się od istniejących parametrów w zakresie podaży i popytu i zbadania innych środowisk, w których mogą dodać nową wartość i w ten sposób zapewnić sobie pozycję lidera.

TEORIA STOJĄCA ZA KONCEPCJĄ

Rozróżniając czerwone oceany i niebieskie oceany, Kim i Mauborgne proponują analizę łączącą strategię, marketing i innowacje.

CZERWONE OCEANY, A NIEBIESKIE OCEANY

Wywodząca się z marketingu analiza cyklu życia produktu jest klasyczną metodą: po premierze następuje wzrost, po nim dojrzałość, a następnie spadek. W tym rozumowaniu uwzględnia się wielkość sprzedaży i czas życia produktu (im szybsze tempo innowacji, tym krótszy cykl życia produktu).

Ale co z obecną i potencjalną rentownością? Jest ona uzależniona od konkurencji, która określa ceny, ale także od zdolności firmy do zarządzania cenami kosztów własnych i rozwijania strategii penetracji, zapewniających silne pokrycie rynku. Produkt będący jeszcze w "fazie wzrostu" jest często wprowadzany na rynek przez licznych sprzedawców. Wtedy właśnie rozpoczyna się wyścig w obniżaniu cen. To jest właśnie to, co Kim i Mauborgne nazywają "czerwonym oceanem" – znana przestrzeń strategiczna, w której interesariusze akceptują parametry i rozpoczynają konkurencję. Jest już jasne, że proste zastosowanie tej typologii prowadzi do strategicznych wyborów dotyczących asortymentu produktów i równowagi finansowej w zakresie krótko-, średnio- i długoterminowej rentowności oraz rozwoju.

W obecnym postrzeganiu gospodarki rośnie liczba czerwonych oceanów, ponieważ większość produktów jest pozycjonowana na dojrzałych rynkach. Dodatkowo, międzynarodowa otwartość niemal każdego rynku zachęca coraz większą liczbę interesariuszy, co wiąże się z pewną konkurencją i jest z trudem równoważone przez pojawienie się nowych sektorów gospodarki spowodowanych postępem technologicznym. Kim i Mauborgne zwracają uwagę, że tradycyjna teoria biznesu pomaga decydentom przetrwać w czerwonym oceanie: koncentracja na podstawowej działalności, outsourcing w celu obniżenia cen kosztów itp.

Strategia błękitnego oceanu zachęca interesariuszy do porzucenia czerwonych oceanów, które nie generują wystarczającej wartości, i przejścia w kierunku błękitnych oceanów. W tych nowych przestrzeniach strategicznych każdy biznes może rozwijać się samodzielnie i przynajmniej przez pewien czas nie będzie ograniczany przez nadmierną konkurencję oraz walkę o ceny.

PRZEŁĄCZANIE OCEANÓW ZA POMOCĄ INNOWACJI WARTOŚCI

Kluczem do przejścia z czerwonego oceanu do błękitnego jest innowacja. Jednak innowacja oparta wyłącznie na technologii nie wystarczy. Kim i Mauborgne nazywają proces radykalnego podziału, który prowadzi do błękitnego oceanu "innowacją wartości". Koncepcja ta sprawdza się zarówno w przypadku przedsiębiorstw poszukujących wyników ekonomicznych, jak i klientów, których oczekiwania należy spełnić.

Oczywiście innowacja opisana przez obu autorów wymaga udziału interesariuszy gospodarczych, różniąc się w ten sposób od tradycyjnego podejścia neoklasycznego, które uważa innowację za zewnętrzną. Jest to dobrowolny krok podejmowany przez przedsiębiorstwo, które będzie musiało przewartościować całe swoje podejście, jeśli transformacja ma być zakończona sukcesem. W tym zakresie jest ona napędzana przez samych interesariuszy gospodarczych. Takie podejście do innowacji sięga aż do Jean-Baptiste Say'a (dziennikarz i ekonomista, 1767-1832) i jest kontynuowane dzisiaj przez szereg ekonomistów o bardzo różnych ideach, takich jak Karol Marks (1818-1883) i Joseph Schumpeter (1883-1950).

Definicja "innowacja wartości" odzwierciedla cel błękitnego oceanu: stworzenie większej wartości, zarówno dla konsumentów, co z kolei przyciągnie nowych klientów, jak i dla przedsiębiorstwa, gdzie struktury cenowe zostaną szeroko przedefiniowane w celu przesunięcia parametrów rynkowych.

PEŁNA PONOWNA OCENA

Opracowanie strategii błękitnego oceanu wymaga ponownego zbadania wszystkich podstawowych przesłanek danego rynku, które badania rynku opisują poprzez analizę istniejącej struktury.

- Jeśli produkt jest kupowany głównie przez mężczyzn, jak można sprawić, aby stał się atrakcyjny także dla kobiet?

- Czy w przypadku dystrybucji wyłącznie za pośrednictwem podmiotów trzecich możliwe jest bezpośrednie kierowanie do docelowego klienta?

- Skoro korzystają z niej tylko eksperci, to czy istnieje sposób na jej popularyzację?

Innowacja nie oznacza więc wzrostu cen, co często ma miejsce w przypadku innowacji opartych na technologii. Zmiana pozycji produktu na rynku poprzez poszerzenie grona odbiorców może doprowadzić do znacznego wzrostu sprzedanych produktów, co następnie obniża cenę poprzez podział kosztów stałych. Ponadto ponowne przemyślenie zastosowań produktu może pozwolić na usunięcie niektórych opcji lub cech, które wcześniej uznawano za istotne, co pozwala na redukcję ceny końcowej. Strategia błękitnego oceanu nie prowadzi jednak automatycznie do obniżenia cen, nawet jeśli często tak się dzieje. Jako przykład można podać to, jak komputery PC zastąpiły dawne komputery mainframe lub jak nasze smartfony coraz częściej wypierają telefony stacjonarne.

WYKLUCZANIE, WZMACNIANIE, OGRANICZANIE I TWORZENIE

Strategia błękitnego oceanu polega na "przesuwaniu kursora". Po określeniu parametrów rynku firmy należy ustalić, co należy wzmocnić, co zredukować, co wykluczyć i wreszcie co stworzyć (choć ten ostatni czynnik nie był początkowo brany pod uwagę w zestawieniu).

Podejście to można zilustrować przykładem z branży motoryzacyjnej. W 1998 roku Louis Schweitzer, ówczesny właściciel Renault, ogłosił radykalną innowację dla rynku samochodowego: tani samochód. Przedsięwzięcie to doprowadziło do powstania modelu Logan. Początkowo przeznaczony na rynki Europy Wschodniej, pojazd odniósł sukces także we Francji, która stała się pierwszym krajem importującym Logana, produkowanego w fabrykach Automobile Dacia w Rumunii.

Sukces ten wynikał ze strategii ponownej definicji modelu. Ogólnie rzecz biorąc, w przemyśle samochodowym trwał wyścig ku "najlepszemu": większe pojazdy, większy komfort, większe bezpieczeństwo, więcej funkcji, a zatem wyższe ceny. Optymalizując synergię pomiędzy różnymi pojazdami w fabrykach Automobile Dacia zakupionych w 1999 roku i odchodząc od idei pojazdu luksusowego, Renault odkryło sekret sukcesu. Logan był sprzedawany za 4500 euro w gospodarkach wschodzących i 7500 euro we Francji, gdzie konsumenci chcieli mieć jak najmniej opcji.

Niski koszt nie oznacza jednak złej jakości. Logan, choć nie ma orzechowej deski rozdzielczej, jest niezwykle wytrzymały, ponieważ celuje w rynki, na których warunki drogowe często są dalekie od ideału lub gdzie konserwacja pojazdów jest znacznie mniej rozwinięta niż w krajach zachodnich.

Podobnie Renault zerwało z przeszłością, nie ograniczając swoich tańszych samochodów do małych modeli miejskich (jak Twingo z lat 90. czy samochód Smart).

Wraz z Loganem, Renault zaoferowało samochód rodzinny z dużą ilością miejsca w środku i obszernym bagażnikiem.

Dzięki zmianie strategii Renault pozyskało więcej klientów niż się spodziewało: oprócz dotarcia do rynku docelowego w krajach rozwijających się, Logan przypadł go gustu również francuskim konsumentom, którzy ze względu na ograniczony budżet musieliby w przeciwnym razie kupować z drugiej ręki. Tani samochód zdobył tę część rynku, która nie zwraca szczególnej uwagi na wygląd pojazdu, ale szuka przede wszystkim dobrej równowagi między jakością a ceną.

OGRANICZENIA I ROZSZERZENIA MODELU

Naukowy rygor strategii błękitnego oceanu wydaje się w niektórych punktach wątpliwy, a niektórzy uważają, że lepiej byłoby postrzegać ją jako atrakcyjny sposób ujęcia sukcesów niektórych firm. Ponadto istnieje praktycznie nieskończona liczba innych teorii mających na celu zrozumienie strategii firm odnoszących sukcesy, takich jak słynna książka Thomasa J. Petersa z 1982 roku *In Search of Excellence*.

STRATEGIA BŁĘKITNEGO OCEANU: RACZEJ PRZEWODNIK NIŻ REWOLUCYJNA METODA?

Blue Ocean Strategy nie jest pozbawiona krytyków. Pomimo faktu, iż oferuje dużą liczbę przykładów zaczerpniętych z każdego sektora gospodarki, co czyni ją łatwą w odbiorze, niektórzy postrzegają ten szeroki zakres odniesień jako oznakę względnej słabości teorii. Inni podkreślają również dedukcyjne podejście zastosowane przez Kima i Mauborgne'a, którzy – zgodnie z tą krytyką – za punkt wyjścia przyjęli szereg spektakularnych sukcesów, a następnie szukali ogólnej idei, która obejmowałaby je wszystkie. W tej interpretacji strategia błękitnego oceanu jest raczej retrospektywną lekturą niż innowacyjną i skuteczną metodą rozwijania kreatywnego podejścia do rynku, choć autorzy zalecają kroki pozwalające przejść z czerwonego oceanu do błękitnego. W ten sposób każdy sukces biznesowy może być interpretowany jako zastosowanie, świadome lub nie, strategii błękitnego oceanu. Przykłady zaczerpnięte z historii biznesu, od Henry'ego Forda (amerykański producent, 1863-1947) do Guy Laliberté (założyciel Cirque du Soleil, urodzony w 1959 roku), zdają się prowadzić do tego wniosku, ponieważ ludzie praktykowali tę metodę w przeszłości, nie zdając sobie z tego sprawy.

Z punktu widzenia nauk społecznych brakuje spójności między przykładami, co sprawia, że porównania dokonane w książce są wątpliwe z naukowego punktu widzenia. Czy punkty wyjścia dla każdego z różnych przedsiębiorstw użytych jako przykłady były podobne? Co więcej, początkowa sytuacja czerwonego oceanu nie jest opisana w książce, ponieważ nie ma względnej lub bezwzględnej liczby graczy na rynku ani kryteriów w zakresie konkurencji, które wskazują, że firma wchodzi w czerwony ocean. Podobnie błękitny ocean jest mało wymierny, co może mieć katastrofalne skutki, jeśli firma wkroczy w nieznane, decydując się na innowacje, nie wiedząc, czy zostaną one zaakceptowane i poparte przez klientów.

Innowacja wartości, która leży u podstaw zalecanej przez autorów strategii, jest niedostatecznie zdefiniowana, co utrudnia jej ugruntowanie się jako nowej koncepcji. Same przykłady pokazują tę słabość. Są one zaczerpnięte z różnych dziedzin, a mianowicie marketingu, opakowania i reklamy, organizacji przedsiębiorstw oraz innowacji technologicznych i naukowych. Innowacje wartości można zatem podsumować jako połączenie wartości dodanej dla przedsiębiorstwa i niższych cen dla klienta. Jednak nie da się jednoznacznie odpowiedzieć, czy jest to wynik innowacji technologicznej, czy lepszego pozycjonowania na rynku. Wpływ innowacji wartości wydaje się niejasny, ponieważ pojęcie to może obejmować rewolucję na poziomie produktu, jak również przyjęcie bardziej efektywnej komunikacji z konsumentami.

Niektórzy krytycy mają również zastrzeżenia do samej metody. Zgodnie z tym tokiem myślenia, opierając się na szczegółowej interpretacji krzywej wartości, strategia błękitnego oceanu nie pozwala na dokonanie przełomowych innowacji, a prowadzi jedynie do innowacji inkrementalnych, czyli ulepszania istniejących produktów lub procesów. W istocie podejście Kima i Mauborgne'a opiera się na wykorzystaniu tego, co już istnieje, do wyobrażenia sobie czegoś nowego, podczas gdy radykalna innowacja może zachodzić jedynie wówczas, gdy przedsiębiorstwa całkowicie odejdą od obecnej sytuacji. Jak zaobserwujemy później, obaj autorzy czerpią wiele inspiracji od obecnych i potencjalnych klientów firm, aby stworzyć nową ofertę. Jednak niektóre innowacje, w szczególności te najbardziej radykalne, spotykają się ze sceptycyzmem. Nie zawsze bowiem innowacje spotykają się z natychmiastową aprobatą społeczeństwa. W swojej krytyce strategii błękitnego oceanu konsultant ds. innowacji Benoît Sarazin (specjalista od "marketingu tego, co niepewne") zwraca uwagę, że Nestlé potrzebowało 15 lat, aby Nespresso się przyjęło, a Guy Laliberté nie spotkał się z natychmiastowym sukcesem z Cirque du Soleil. Metoda ta nie jest więc nieomylną receptą na sukces.

INNOWACJE, OD GOSPODARKI DO BIZNESU: MODELE POWIĄZANE

Kim i Mauborgne, choć zamierzają udoskonalić teorię innowacji, bezsprzecznie podążają śladami Josepha Schumpetera (1883-1950), myśliciela stojącego za koncepcją twórczej destrukcji. Ekonomista ten odniósł się do wszystkich aspektów innowacji, zarówno w zakresie organizacji pracy i produkcji w przedsiębiorstwie, jak i w zakresie możliwości rynkowych dla produktów. W podobny sposób strategia błękitnego oceanu prowadzi do degradacji (lub przynajmniej ograniczenia) starych, dojrzałych rynków na rzecz tych nowopowstałych. Poza wspomnianą już teorią cyklu życia produktu, możemy również spojrzeć na ryzyko kanibalizacji. W ramach strategii marketingowej zarządzania asortymentem produktów może ona spowodować redukcję sprzedaży lub udziału w rynku istniejących produktów, niezależnie od sektora działalności: należy więc oszacować, czy zysk generowany przez nowy produkt będzie większy niż potencjalne straty na istniejących produktach. Przedsiębiorstwo zasadniczo konkuruje samo ze sobą. Jednak ta kanibalizacja może okazać się dobrą strategią w przypadku rozszerzenia marki (na przykład Marlboro), ponieważ pozwala firmie wejść na nowy rynek i czerpać z niego zyski. W tym scenariuszu możemy uchwycić namiastkę marzenia o błękitnym oceanie.

Czerwony ocean i błękitny ocean przypominają koncepcje innowacji zasiedziałych i zakłócających, które przedstawili Michael E. Raynor i Clayton M. Christensen w swojej pierwszej książce *The Innovator's Dilemma: When*

New Technologies Cause Great Firms to Fail (1997). Według nich innowacje zasiedziałe poprawiają istniejące produkty, natomiast innowacje zakłócające usuwają konkurencję, kreując nowy rynek. Takie podejście dobrze wpisuje się w założenia strategii błękitnego oceanu. Innowacja inkubacyjna odpowiada wysiłkom podejmowanym przez podmioty gospodarcze w celu przetrwania w czerwonym oceanie, natomiast innowacja zakłócająca przypomina pozytywne konsekwencje dla przedsiębiorstw, które dotarły do błękitnego oceanu.

APLIKACJA

Strategia błękitnego oceanu to metoda strategiczna obejmująca kilka etapów.

PORADY I NAJLEPSZE PRAKTYKI

Sześć pytań dotyczących błękitnego oceanu

Kim i Mauborgne identyfikują sześć centralnych pytań związanych z tworzeniem strategii błękitnego oceanu.

- **Jakie alternatywy są dostępne na rynku?** Wymaga to przyjęcia punktu widzenia klienta w celu określenia dostępnych opcji. Dwa różne produkty, które ich producenci mogą uważać za całkowicie niezależne, mogą stać się przedmiotem konkurencji ze względu na intencje zakupowe klienta. Na przykład wakacje i prace przy domu to pozornie niepowiązane ze sobą wydatki, które jednak oddziaływują na siebie wzajemnie: w roku, w którym rodzina remontuje pokój w domu, prawie na pewno wyda mniej na letnie wakacje.

- **Jakie są interesy zaangażowanych grup strategicznych?** Jest to kwestia ustalenia priorytetów podstawowych interesów różnych zaangażowanych grup strategicznych. Zasadniczo istnieją dwa z nich: cena i wydajność.

- **Jak tworzony jest łańcuch kupujących i użytkowników?** Niektóre firmy sprzedają bezpośrednio użytkownikom, a inne za pośrednictwem stron trzecich. Przerwanie tego łańcucha może być sposobem na dotarcie do błękitnego oceanu. Tak właśnie postąpiło Nespresso, tworząc własną linię sklepów z wyższej półki, zamiast sprzedawać swoje strączki z kawą za pośrednictwem tradycyjnych sieci (dużych detalistów spożywczych).

- **Jakie są produkty i usługi komplementarne?** Jest to istotne pytanie, ponieważ umożliwia przedsiębiorstwom wdrożenie udanego strategicznego sekwencjonowania poprzez wyobrażenie sobie sekwencji jako całości. Sukces firmy Apple na początku XXI wieku wynikał z uznania, że treści (głównie cyfrowe pliki do pobrania) stanowiły istotną ofertę obok jej produktów (iPod, itp.).

- **Jaka jest funkcjonalna lub emocjonalna zawartość sektora?** Dodawanie wartości lub, odwrotnie, pozbawianie produktu nadmiernej wagi symbolicznej jest częścią poszukiwania błękitnego oceanu. Kluczowym przykładem jest tu Nespresso, które potrafiło sprawić, że jego kapsułki z kawą postrzegane były jako produkt luksusowy.

- **Jakie główne trendy określają zachowania konsumentów?** Ochrona środowiska naturalnego i poszukiwanie osobistego spełnienia to główne trendy we współczesnych społeczeństwach, co czyni je podstawowym źródłem inspiracji przy wyobrażaniu sobie produktów i usług niebieskiego oceanu.

Stymulacja i kreatywność: ścieżka 4 kroków

Kim i Mauborgne przedstawiają następnie metodę zastosowania strategii błękitnego oceanu w przedsiębiorstwie. Określają oni cztery kluczowe kroki:

- **Przebudzenie wizualne** polega na zaprojektowaniu krzywej wartości. Dla każdego kryterium składającego się na ofertę firma kreśli jej słabe i mocne punkty w odniesieniu do konkurencji. Ten pierwszy krok służy przede wszystkim stworzeniu konsensusu wśród zespołów w firmie poprzez wykorzystanie reprezentacji do podkreślenia potrzeby zmian w celu doprowadzenia do tworzenia wartości. Pozycjonuje on również firmę w stosunku do jej konkurentów. Czy zróżnicowanie jest wyraźne czy nie istnieje? Ścieżka, którą podążają dwie krzywe, pozwoli to wyjaśnić.

- **Eksploracja wizualna** polega na wyjściu w teren, aby ocenić potencjał innowacyjny, który można poprawić. Firma nie może mieć wpływu na rynek, jeśli nie zna swoich konsumentów. Regularne konsultacje z klientami są niezbędne, ale nie wystarczają. Klient niekoniecznie jest użytkownikiem produktu. Ponieważ strategia błękitnego oceanu dąży do poszerzenia istniejącej bazy klientów, warto rozmawiać także z niepowiązanymi klientami, aby poznać ich zwyczaje i oczekiwania.

- **Wizualne targi strategii**, organizowane pomiędzy członkami firmy i uczestnikami zewnętrznymi (klientami, klientami docelowymi, partnerami itp.), pozwalają na ocenę trafności kryteriów oferty. Celem jest zbudowanie strategii opartej na innych aspektach niż intuicja i pokonanie wewnętrznych przeszkód, takich jak opór wobec dokonywania zmian.

- **Komunikacja wizualna** następuje po zdefiniowaniu strategii. Cały zespół powinien zostać włączony w jej rewolucję. W ten sam sposób, w jaki zrozumienie istniejących ograniczeń było wizualizowane przez krzywą wartości, ta faza również wymaga diagramu. Dzięki temu łatwiej będzie zwizualizować nowe cele i każdy, niezależnie od szczebla w hierarchii, wkupi się w strategię błękitnego oceanu.

Produkty dla pionierów, migrantów i osadników

Wśród narzędzi zaproponowanych przez Kima i Mauborgne'a przydatna do budowania strategii okazała się analiza produktów firmy. Autorzy sugerują, że produkty można posegregować na trzy kategorie:

- **Osadnicy** to produkty, które podążają za normami branżowymi. Te produkty lub usługi są zgodne z najbardziej aktualną krzywą wartości, a ich perspektywy na przyszłość są bardzo ograniczone na naszych szybko rozwijających się rynkach. Należą one do czerwonego oceanu.

- **Pionierami** są produkty, które tworzą bezprecedensową wartość. W najbliższych latach spodziewana jest masowa konsumpcja i silny wzrost. Uosabiają one błękitny ocean.

- **Migratorzy** znajdują się pomiędzy dwoma poprzednimi kategoriami. Choć dodają wartość dla klienta i firmy, nie są na tyle innowacyjni, by na stałe pozostać w błękitnym oceanie.

Dotarcie do nowych klientów

Przyciąganie nowych klientów leży u podstaw strategii błękitnego oceanu. Aby przetrwać w czerwonym oceanie, firmy są zmuszone do zmniejszania udziału w rynku swoich konkurentów. Jednak, mimo że klienci przechodzą z jednej firmy do drugiej, wielkość rynku pozostaje niezmieniona. Natomiast strategia błękitnego oceanu dąży do rozszerzenia rynku poprzez przesunięcie jego granic, dzięki włączeniu klientów z kategorii, które do tej pory nie kupowały tego typu produktów lub nie korzystały z tego typu usług.

Istnieją trzy różne rodzaje nie-klientów:

- **"Wkrótce" osoby niebędące klientami** okazjonalnie kupują dobra lub usługi oferowane przez firmę, ale czekają na korzystniejszą ofertę. Im więcej ich jest, tym bardziej kruchy jest to rynek. W ten sposób brytyjska sieć gastronomiczna Prêt à Manger przyciąga profesjonalną bazę klientów, którzy wcześniej chodzili do tradycyjnych restauracji, ponieważ nie było nic lepszego dostępnego.

- **,Odmawiający' nie-klienci**, zwani również ,nie-klientami lekceważącymi' (Kotler i Keller, 2006), nigdy nie korzystają z produktów lub usług badanego rynku, być może dlatego, że są im przeciwni lub dlatego, że ich fundusze nie pozwalają im na to. Na przykład osoby mieszkające w centrach miast nie są otwarte na pojazdy typu 4x4, ponieważ mają one opinię bardzo zanieczyszczających i trudnych do zaparkowania w miastach.

- **‚Niezbadani' nie-klienci nie** są od razu zainteresowani tym rynkiem, ponieważ decydenci nigdy nie zadali sobie trudu, aby skierować do nich swoje działania. Niemniej jednak mogą zostać uznani za klientów potencjalnych.

STUDIUM PRZYPADKU: WII, BŁĘKITNY OCEAN NINTENDO

W 2006 roku Nintendo wprowadziło na rynek Wii. Ta konsola do gier odnotowała szybki wzrost, który generował znaczne zyski dla firmy przez kilka lat. Podczas gdy sprzedaż konsoli była bardzo dobra, sukces był najbardziej widoczny w odniesieniu do samych gier wideo. Wii Sports sprzedało się w ponad 80 milionach egzemplarzy, znacznie więcej niż konkurencja. Podejście Nintendo można określić jako strategię błękitnego oceanu, ponieważ przyniosła ona duże zmiany w technologii, a także na nowo zdefiniowała politykę cenową i granice rynku.

Wii według sześciu pytań strategii błękitnego oceanu

- **Jakie alternatywy są dostępne na rynku?** Zamiast pozycjonować się w stosunku do swoich konkurentów na rynku gier wideo, Nintendo zainteresowało się sposobami spędzania wolnego czasu przez ludność. W istocie, ponieważ działalność artystyczna i twórcza oraz zdrowie i kondycja są ważnymi sektorami od lat 2000, firma postanowiła stworzyć swój własny rynek.

W tym celu połączyła swoje doświadczenie w dziedzinie konsol do gier z rozwojem nowych zastosowań: sportów (gra Wii Sports sprzedała się w ponad 80 milionach egzemplarzy), tańca, utrzymywania kondycji, odtwarzania muzyki itp. Wszystkie te wirtualne aktywności są możliwe dzięki technologii Wii, która opiera się na wykrywaniu ruchu zamiast tradycyjnego joysticka.

- **Jakie są interesy zaangażowanych grup strategicznych? Pod** względem cenowym Wii było pozycjonowane poniżej swoich głównych konkurentów, którzy stopniowo musieli się pogrążać. Strategia ta poszerzyła rynek gier wideo, kierując go do starszej i mniej zniewolonej publiczności. Produkt, choć innowacyjny w swojej funkcjonalności, jest gorszej jakości pod względem niektórych elementów w porównaniu z konkurentami, PS3 i Xbox. To obniżenie standardów redukuje ceny poprzez nieznaczne ograniczenie możliwości technologicznych, które są mniej istotne w przypadku konsoli stworzonej dla wszystkich grup wiekowych, z grami mniej nastawionymi na szybkość i wysoką rozdzielczość.

- **Jak tworzy się łańcuch nabywców i użytkowników?** Nintendo, firma produkująca gry wideo od czasu jej założenia pod koniec XIX wieku, zdecydowała się na bezpośrednie dotarcie do użytkowników, bez pośrednictwa osób trzecich, w celu sprzedaży gier dostępnych dla Wii. W obecnych czasach tego typu rozwój jest możliwy, gdy korzystanie z Internetu stało się znacznie bardziej powszechne. W 2006 r., w tym samym czasie co miała miejsce premiera swojego rewolucyjnego systemu gier, Nintendo stworzyło również Wii Shop, który pozwalał użytkownikom zdobywać punkty lojalnościowe dzięki zakupom gier.

- **Jakie są produkty i usługi komplementarne?** Na sukces Wii złożyły się dwa uzupełniające się produkty: akcesoria i gry. Wiimote, pilot do Wii, komunikuje się z konsolą za pomocą Bluetooth. Wyposażony w akcelerometr, przekazuje do konsoli ruchy gracza: skoki, ruchy na boki, skręty itp. Później pojawiły się inne akcesoria, w tym mikrofon i tablet do rysowania, pozwalające użytkownikom grać na konsoli w gry planszowe, takie jak Pictionary, w ten sposób kierując się na rynek rodzinny. Nintendo zadbało oczywiście o sprzedaż bardziej popularnych produktów Wii, takich jak Mario Bros. i Zelda. Wreszcie, co jest kluczem do sukcesu, monitory tętna i Wii balance board, który rozpoznaje ruchy stóp, mogą przekształcić dom gracza w siłownię, wykorzystując konsolę jako instruktora. To sytuuje konsolę w połowie drogi między grą a fitnessem.

- **Co jest treścią funkcjonalną lub emocjonalną sektora?** Gry wideo mają zarówno treść technologiczną, jak i kulturową. Rozwój obserwowany od czasu pierwszych modeli konsol w latach 70. był ogromny i niezwykle dynamiczny. Warto zauważyć, że Wii zostało już zastąpione przez inne produkty. Rozwój przypomina proces ewolucji komputerów, przechodząc od dużych jednostek centralnych do urządzeń przenośnych i tabletów z ekranami dotykowymi. Jednak gra wideo ma również rezonans kulturowy: na przykład pierwsze gry, z których wiele zostało wyprodukowanych przez Nintendo, stały się punktami odniesienia dla pokolenia, które dorastało w latach 80. Światy Space Invader, Mario Bros. czy Zeldy są integralną częścią zbiorowej wyobraźni. Bardziej współczesne gry tworzą społeczności graczy, którzy wymieniają się informacjami i tworzą wirtualne relacje. Nintendo było w stanie utrzymać ten silny wymiar kulturowy poprzez swoje gry na Wii, ale zrezygnowało z tej kultury technologicznej, aby poszerzyć swoją ofertę. W konsekwencji gracze po sześćdziesiątce nie czują nostalgii i tęsknią za światem Super Mario. Aby zachęcić ich do zakupu konsoli do gier, trzeba zaproponować alternatywne perspektywy i położyć większy nacisk na funkcjonalność niż technologię. Nawigacja i wyświetlacz w Wii zostały znacznie uproszczone, dzięki czemu użytkownik czuje się swobodnie, niezależnie od poziomu wiedzy technologicznej.

- **Jakie główne trendy wpływają na zachowania konsumentów?** W grach oferowanych dla Wii, Nintendo było w stanie uchwycić główne trendy panujące w zachodnich społeczeństwach. Starzenie się społeczeństwa, które w Japonii jest wyraźniejsze niż gdzie indziej, zainspirowało rozwój tej konsoli, która jest bardziej uniwersalna niż jej konkurenci. Program treningu mózgu dr Kawashimy (ur. w 1959 r.) również odnosi znaczny sukces, napędzany popytem ze strony starszych klientów. Rozwój osobisty i wyrażanie siebie poprzez kreatywność i ciało to ważne aspiracje współczesnego społeczeństwa. Przez kilka lat Wii było w stanie wykorzystać te trendy, oferując nowy produkt, który zapewniał większą wartość dla klienta – konsolę do gier, która pozwala użytkownikom zachować sprawność fizyczną i umysłową – przy niskich kosztach produkcji. W ten sposób Nintendo było w stanie generować zyski z Wii, i to nie tylko dzięki sprzedaży gier. Tymczasem niektórzy z jej konkurentów odnieśli mniejszy sukces i byli zmuszeni sprzedawać swoje konsole ze stratą i nadrabiać zaległości poprzez powiązane produkty i usługi.

Wii i jego trzy rodzaje nie-klientów

Sukces Wii jest rezultatem znakomitej analizy nie--klientów, która odsunęła granice rynku. Nintendo mogło zadowolić się walką o zdobycie i utrzymanie przewagi technologicznej lub kosztowej, co pozwoliłoby na zwiększenie udziału w rynku. Jednak ten postęp byłby prawdopodobnie tylko chwilowy, gdyż konkurenci szybko by na niego odpowiedzieli. Dlatego nie walczyli o "wkrótce" nieklientów, czyli tych, którzy mogą przechodzić od jednego dostawcy do drugiego w zależności od oferowanych przez niego produktów i usług.

Nintendo udało się przyciągnąć "odmawiających" klientów, mimo że podobnie jak telewizja kilka lat gry wideo wzbudzają kontrowersje. Zarzuca się im wyzwalanie uzależnienia wśród młodych ludzi i przyzwyczajanie ich do ekstremalnej przemocy. Trudno jednak kierować tę krytykę w stronę Wii Sports, która pozwala użytkownikom ćwiczyć tenis czy kręgle w swoim salonie. Gra ta sprzedała się w ilości 80 milionów sztuk, co czyni ją najczęściej kupowaną grą wideo w historii, przewyższając nawet Super Mario Bros., który dla porównania sprzedał się tylko w ilości 40 milionów sztuk.

Wreszcie, Nintendo przyciągnęło "niezbadanych" klientów, którzy nigdy nie zgłębiali świata gier. Użytkownicy niespecjalnie pasjonujący się grafiką czy technologią, w tym dorośli i osoby starsze, znaleźli w Wii coś, co ich zrelaksowało i rozbawiło. To zjawisko jeszcze kilka lat wcześniej wydawałoby się nie do pomyślenia.

W 2012 roku Nintendo próbowało powtórzyć swój niebywały sukces, wypuszczając na rynek Wii U, które miało przejąć pałeczkę po Wii. Niestety, wydawać by się mogło, że w ciągu sześciu lat środowisko bardzo się rozwinęło, zwłaszcza dzięki wykorzystaniu dotykowych tabletów i smartfonów. Dostęp do gier jest obecnie tak powszechny, że coraz mniej osób korzysta z konsol, które są teraz domeną mniejszej grupy pasjonatów. Co przyniesie przyszłość tej innowacyjnej firmie?

PODSUMOWANIE

- Strategia błękitnego oceanu to nowy model zarządzania przedsiębiorstwem nastawiony na generowanie wyników.

- W coraz bardziej konkurencyjnym świecie firmy zużywają się, próbując zdobyć przewagę nad konkurentami, co prowadzi do coraz większej liczby bankructw.

- Ta innowacyjna strategia, której teoretykami są W. Chan Kim i Renée Mauborgne, profesorowie z INSEAD, opisuje, w jaki sposób przedsiębiorstwa mogą uwolnić się od ostrej konkurencji na rynkach "czerwonego oceanu", znajdując rynki "błękitnego oceanu", na których mogą rozwijać się samodzielnie (przez jakiś czas).

- Metafora czerwonych oceanów (sektory o silnej konkurencji) i niebieskich oceanów (rynki niszowe o małej konkurencji) pozwala opisać rynek jako całość.

- Przejście z czerwonego oceanu na błękitny odbywa się poprzez innowacje wartości, które zwiększają wartość użytkową dla klienta i jednocześnie poprawiają model ekonomiczny przedsiębiorstwa. Może to również prowadzić do redukcji cen sprzedaży.

- Strategia błękitnego oceanu polega na przesunięciu parametrów rynku, ponownym przeanalizowaniu wartości i przekonań firmy oraz przyciągnięciu klientów, którzy wcześniej nie znali tego rynku, poprzez zmianę metod pozycjonowania i dystrybucji.

* W okresach niepewności finansowej i poważnych obaw związanych z cięciem kosztów ważne jest, aby wziąć pod uwagę ryzyko finansowe i techniczne związane z rynkiem. Rzeczywiście, umysłowi ludzkiemu trudno jest odejść od tego, co już istnieje, aby wyobrazić sobie coś zupełnie nowego, a mianowicie radykalnie nowe pomysły, które ekonomiści nazywają innowacjami zakłócającymi. Nie sposób zatem przewidzieć, jak zareagują konsumenci.

* Wreszcie, chociaż strategia błękitnego oceanu podkreśla znaczenie innowacji i tworzenia rynku, które są bardzo istotne w obecnym kontekście, nie wyjaśnia, dlaczego tak niewiele firm stosuje to podejście. W rzeczywistości większość przedsiębiorstw pracuje jedynie nad optymalizacją swoich istniejących usług i produktów.

PRZECZYTAJ

BIBLIOGRAFIA

Cazals, F. (2009) Stratégie Océan bleu de la Wii. *Stratégies innovantes*. [Online]. [Dostęp 23 maja 2014]. Dostępny w Internet Archive: < http://cazals.fr/strategie-ocean-bleu-de-la-wii/>

Déméter et Kotler. (2012) *Océan bleu et océan rouge*. [Online]. [Dostęp 23 maja 2014]. Dostępny w: < http://demeteret-kotler.com/2012/07/11/ocean-bleu-ocean-rouge/>.

Strona internetowa *INSEAD Blue Ocean Strategy Institute*. http://www.insead.edu/blueoceanstrategyinstitute/home/index.cfm

Kim, W. C. i Mauborgne, R. (2015) *Blue Ocean Strategy: How to Create Uncontested Market Space and Make the Competition Irrelevant*. Brighton, Massachusetts: Harvard Business Publishing.

Kotler, P. i Keller, K. L. (2015) *Zarządzanie marketingiem*. Harlow, Essex: Pearson Education Limited.

Roland, O. (2010) Stratégie Océan Bleu. *Des Livres pour changer la vie*. [Online]. [Dostęp 23 maja 2014]. Dostępny w: < http://www.des-livres-pour-changer-de-vie.fr/strategie-ocean-bleu/>.

Sarazin, B. (2013) Pourquoi la méthode Blue Ocean ne suffit pas. *Le blog de l'innovation de rupture*. [Online]. [dostęp 23 maja 2014]. Dostępny w: < http://benoitsarazin.com/francais/2013/10/methode-blue-ocean-suffit-pas.html>

Tabatoni, P. (2005) *Innovation, désordre, progrès*. Paris: Economica.

Timos, L., Ghoggal, M. i Poubady, B. (bez daty) Analyse stratégique marketing: Nintendo Wii. *Laurent Timos*. [Online]. [Dostęp 23 maja 2014]. Dostępny w: < http://www.laurent-timos.esy.es/mes-projets/dut-src/>.

Chcemy usłyszeć od Ciebie, co się dzieje!
Zostaw komentarz na temat swojej internetowej biblioteki
i podziel się swoimi ulubionymi książkami w mediach społecznościowych!

MASLOW'S HIERARCHY OF NEEDS
Gain vital insights into how to motivate people
Personal accomplishment
Esteem
Belonging
Security
Physiologic
THE SWOT ANALYSIS
A key tool for developing your business strategy
Internal factors
Strengths
Weaknesses
SWOT
Opportunities
Threats
External factors
50MINUTES.com

Wydawca zapewnia o wiarygodności publikowanych informacji, co jednak nie może wiązać się z jego odpowiedzialnością.

Master ISBN : 9782808066402
Papierowy ISBN : 9782808069052
Depozyt prawny: D/2022/12603/140

Projekt cyfrowy: Primento - cyfrowy partner wydawców.